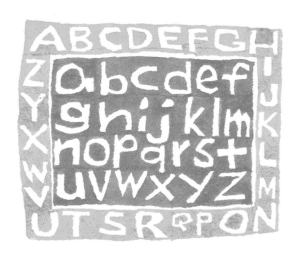

for Alison and Caroline

British Library Cataloguing in Publication Data

Kitamura, Satoshi
    What's Inside? The Alphabet Book
    1. English Language – Alphabet – Juvenile
    literature
    I. Title
    421'.1   PE1155
    ISBN 0-7136-2659-3

First published 1985 by A & C Black (Publishers) Ltd.
35 Bedford Row, London WC1R 4JH
Second impression 1986
Copyright © 1985 Satoshi Kitamura
All rights reserved.

Colour separations by Positive Colour, Maldon
Printed in Italy by Arnoldo Mondadori, Verona

e f g h i j k l m n o p q r s t u v w x y z
t u v w x y z a b c d e f g
s t u v w x y z a b c d e f g h i j k l m n o p q r s t u v w
z a b c d e f g h i j k l m n o p q r s t u v w x
n o p q r s t u v w x y z a b c d e f g h i j k l m n o p q r s t u
n o p q r s t u v w x y z a b c d
t u v w x y z a b c d e f g h i j k l m n o p q r s t u v w x y z a
c d e f g h i j k l m n o p q r s t u v w
u v w x y z a b c d e f g h i j k l m n o p q r s t u v w x y z a b c d e f g h i j k l m
w x y z a b c d e f g h i j k l m n o p q r s t u v w
a b c d e f g h i j k l m n o p q r s t u v w x y
q r s t u v w x y z a b c d e f g h i j k l m n o p q r s t u v w x y z a b
v x y z a b c d e f g h i j k l m n o
b c d e f g h i j k l m n o p q r s t u v w x y z a b c d e f g h i j k
t u v w x y z a b c d e f g h i j k l m n o p q r s t u v w
y z a b c d e f g h i j k l m n o p q r s t u v w
q r s t u v w x y z a b c d e f g h i j k l m n o p q r s t u v w x y z a b c
o p q r s t u v w x y z a b c d e f g h i j k l m n o p
m n o p q r s t u v w x y z a b c d e f g h i j k l m n o p
u v w x y z a b c d e f g h i j k l m n o p q
z

What's Inside?

THE ALPHABET BOOK
by
Satoshi Kitamura

A & C
BLACK

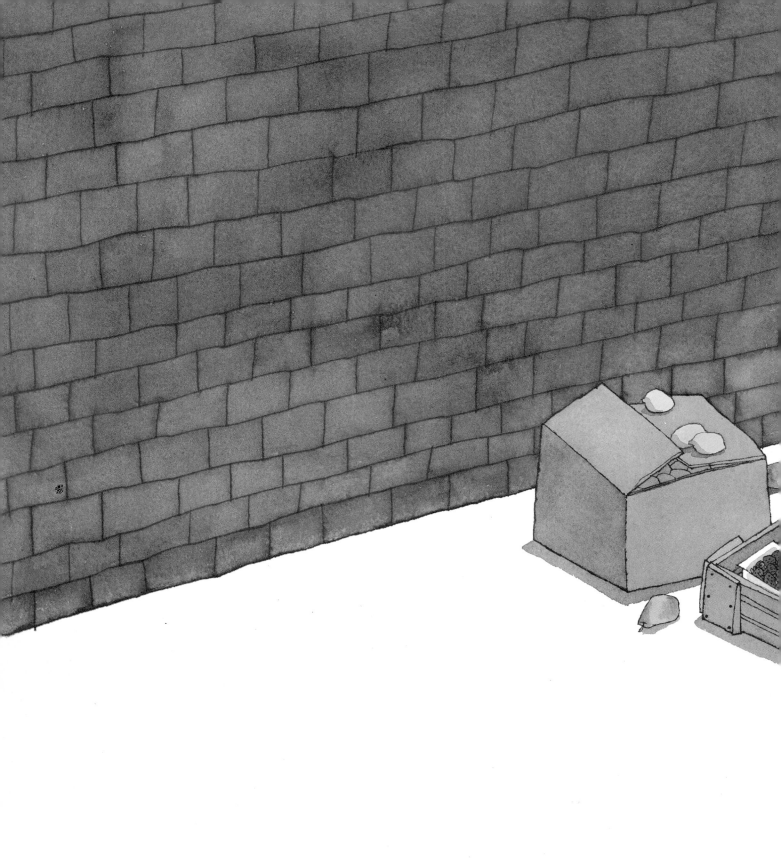

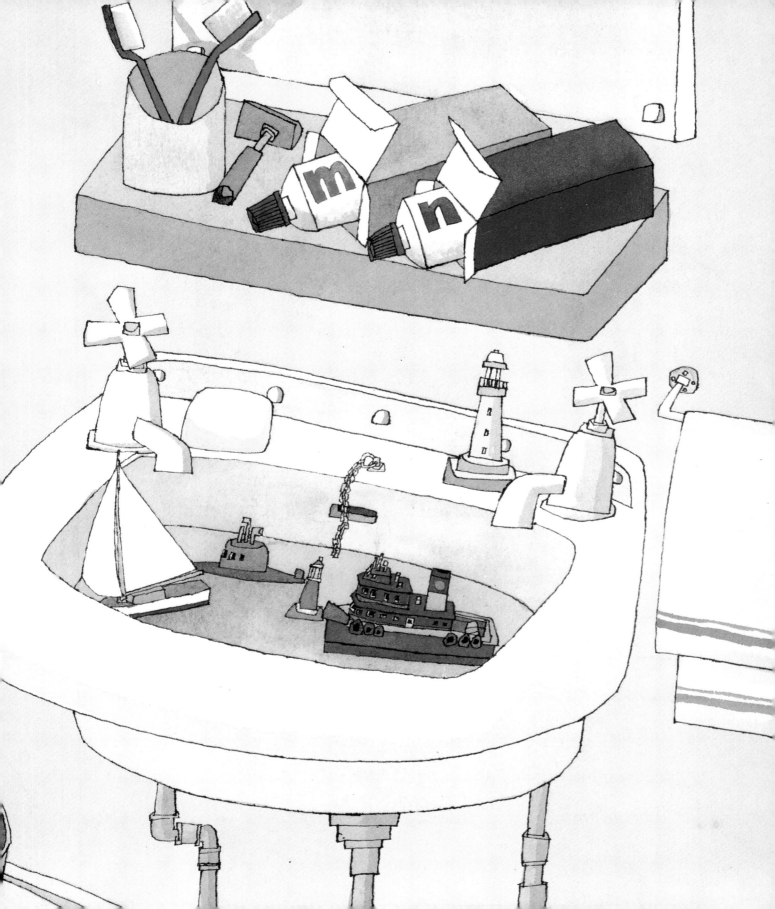

snow
and
tiger

Woodpecker
and
Xylophone

Satoshi Kitamura is a young and exceptionally talented Japanese artist who was born in Tokyo in 1956. At the age of 19 he began illustrating for Japanese magazines and advertising. He now lives and works in London where his first book, *Angry Arthur*, won him the 1983 Mother Goose Award given annually to the most exciting newcomer to British children's book illustration.

If you have enjoyed discovering *What's Inside?* you may like to look for the other books illustrated by Satoshi Kitamura.
They are: *Ned and the Joybaloo* by Hiawyn Oram
            Sky in the Pie by Roger McGough
            In the Attic by Hiawyn Oram

A B C D E F G H I J K L M N O P Q R S T U V W X Y Z

D E F G H I J K L M N O P Q R S T U V W X Y Z A B C D E F G H I J K L M N O

B C D E F G H I J K L M N O P Q R S T U V W

S T U V W X Y Z A B C D E F G H

A B C D E F G H I J K L M N O P Q R S T U V W X Y Z A B C D E F G H I J K L M N O P Q R S

P Q R S T U V W X Y Z A B C D E F G H I J K L M N O P Q R S T U V W X Y

I J K L M N O P Q R S T U V W X Y Z A B C

A B C D E F G H I J K L M N O P Q R S T U

S T U V W X Y Z A B C D E F G H I J K L M N O P Q R S T U V W X Y Z A B C

W X Y Z A B C D E F G H I J K L M N O P Q R S T U V W X Y

O P Q R S T U V W X Y Z A B C D E F G H I J K L M N

N O P Q R S T U V W X Y Z A B C

X Y Z A B C D E F G H I J K L M N O P Q R S T U V W X Y Z A B C D E F G H I J K L M

C D E F G H I J K L M N O P Q R S T U V W

W X Y Z A B C D E F G H I J K L M N O P Q R S T U V W X Y Z A B C D E F G H I J K L M N

J K L M N O P Q R S T U V W X Y Z A B C D E F G H I J K L M N O P Q R S T U

M N O P Q R S T U V W X Y Z A B C D E F G A B C D

J K L M N O P Q R S T U V W X Y Z A B C D E F G H I K L M N O P

Y Z A B C D E F G H I J K L M N O P Q

L M N O P Q R S T U V W X Y Z A B C D E F G H I J K L

S T U V W X Y Z A B C D E F G H I J K L M N O P Q R S T U V W X Y Z

K L M N O P Q R S T U V W X Y Z A B C D E F G H I J K L M N O P Q R S T U V W

O P Q R S T U V W X Y Z A B C D E F G H I J K L

L M N O P Q R S T U V W X Y Z A B C D E F G H I J K L M N O P Q R S T U V W X